ERES

R?

Jugamos

EL OSO DE PELUCHE

Montse Ganges
Tommaso

Combel
EDITORIAL

www.combeleditorial.com

SOY UN OSO DE PELUCHE
Y TENGO DOS OJOS...

Soy un oso de peluche
y tengo dos ojos...

PARA VERTE
CUANDO ME VIENES A BUSCAR.

para verte
cuando me vienes a buscar.

SOY UN OSO DE PELUCHE
Y TENGO DOS PEQUEÑAS OREJAS...

Soy un oso de peluche
y tengo dos pequeñas orejas...

PARA ESCUCHAR TUS SECRETOS.

para escuchar tus secretos.

SOY UN OSO DE PELUCHE
Y TENGO LOS BRAZOS ABIERTOS...

Soy un oso de peluche
y tengo los brazos abiertos...

OU

PARA PODERTE ABRAZAR.

para poderte abrazar.

SOY UN OSO DE PELUCHE
Y MI PELO ES MUY SUAVE...

Soy un oso de peluche
y mi pelo es muy suave...

PORQUE ME GUSTA
QUE ME ACARICIES.

porque me gusta
que me acaricies.

SOY UN OSO DE PELUCHE
Y TENGO LA BARRIGA BLANDITA...

Soy un oso de peluche
y tengo la barriga blandita...

PARA QUE TE SIRVA DE COJÍN
CUANDO DUERMES.

para que te sirva de cojín
cuando duermes.

AHORA YA SABES CÓMO SON LOS OSOS DE PELUCHE. ¿TE ACUERDAS?

OREJAS PEQUEÑAS

DOS OJOS

BRAZOS ABIERTOS

BARRIGA BLANDA

PELO SUAVE

¿CUÁNTOS OSOS DE PELUCHE LLEVAN GAFAS?
¡FÍJATE BIEN!

RECUERDA QUE DEBES CUIDAR BIEN
DE TUS JUGUETES. PODRÁS JUGAR MUCHAS VECES
Y NO SE ESTROPEARÁN.

¿QUIERES JUGAR?